AF461497

Ex Libris Bibliothecæ quã Illustriss. Ecclesiæ Princeps
D PETRVS DANIEL HVETIUS

PREMIERE LETTRE DE MONSEIGNEUR L'ARCHEVEQUE DUC DE CAMBRAY &c.

A UN THEOLOGIEN,

Sur une Lettre Anonyme de Liege, qui commence par ces mots : *Reverendè admodum Domine. De formulâ subscribendâ &c.*

SECONDE EDITION.

M. DCC. VIII.

PREMIERE LETTRE DE MONSEIGNEUR L'ARCHEVEQUE DUC DE CAMBRAY A UN THEOLOGIEN &c.

A Lettre Latine que vous m'avez fait la grace de m'envoyer, Monſieur, ne tend, ce me ſemble, qu'à faciliter de mauvaiſes ſignatures du Formulaire, pour cacher & pour ſauver le Parti par une fauſſe ſoûmiſſion. Ainſi elle eſt tres-dangereuſe pour tous ceux qui ſont prévenus & qui cherchent à ſe flater : mais elle a deux caracteres qui peuvent en rendre la lecture utile aux perſonnes ſenſées & capables d'une ſolide reflexion.

D'un côté elle est douce, insinuante & bien écrite; elle montre que son Auteur a dit tout ce qu'il pouvoit dire de plus specieux. De l'autre, elle est si foible pour le vrai fonds de la question, qu'elle doit ôter aux personnes équitables toute esperance de voir jamais le Parti répondre nettement à nos preuves. Pour moy j'ay toûjours souhaité que le Party ne cessât point d'écrire. Plus il écrira, plus il fera sentir au monde que sa cause n'a aucune ressource, & qu'il ne peut se sauver que par des ambiguitez. Quand nous employons contre luy les preuves les plus concluantes, un Lecteur sensé qui est prévenu pour la nouveauté, & qui sent néanmoins la force de nos preuves, dit en luy-même : Il est vray que je ne sçaurois y répondre, mais peut-être que les Ecrivains du Party y répondront. Cette pensée le tient en suspens. Quelque demonstration qu'on luy presente, il demeure encore incertain & en deffiance, jusqu'à ce qu'il ait comparé la réponse du Parti avec nos preuves. Rien ne déracine du fond de son cœur ses anciens préjugez, que l'experience par laquelle il trouve dans tout le Parti une manifeste impuissance de répondre en termes précis & decisifs aux raisons de l'Eglise. Ainsi la foiblesse des Ecrits de nos adversaires contribue sans comparaison davantage, que la force des Ecrits de nos meilleurs Theologiens, à éclaircir la verité, & à détromper les esprits prévenus. La lettre Latine que je viens de lire, en est un exemple senſible. Voici les reflexions qu'elle merite, ce me ſemble, que vous faſſiez faire à toutes les perſonnes qui vous conſultent.

I.

CEt Auteur veut prouver à ſes amis qu'ils doivent tous ſigner le Formulaire. Pour y réüſſir, il ſuppoſe trois états de perſonnes de qui on exige la ſignature.

Les premiers, dit-il, † *n'ont jamais rien entendu dire des diſputes ſur le fait de Janſenius, ou bien il ne doutent non plus de ce Fait, que s'ils n'en avoient jamais entendu parler, parce qu'ils croyent que la choſe eſt entierement indubitable par l'autorité de l'Egliſe.... Je crois qu'il ſeroit abſolument hors de propos & tres-imprudent de mettre ceux-cy dans le doute ſur le Fait de Janſenius. Car enfin quel avantage reviendroit-il du doute à ces perſonnes, dont on exige la ſignature du Formulaire?..... On troublera leur conſcience. On les expoſera au peril de jurer contre ce qu'elle leur inſpirera.... On avilira dans leur eſprit l'autorité de l'Egliſe, & de ſes principaux Miniſtres..... Il faudroit n'être pas Theologien pour accuſer de peché ces Eccleſiaſtiques, qui ſignent ainſi le Formulaire de bonne foy. Mais je m'y arrête inutilement. Il ne doutent point, & par conſequent ils ne vous conſulteront point.*

1. Pour répondre à cet Ecrivain, il n'y a qu'à lui montrer que ſa ſuppoſition eſt fauſſe, & qu'elle ſe contredit d'un bout à l'autre. Il ſuppoſe que cette ſignature du Formulaire re-

† *Pag.* 14.

garde des *Ecclesiastiques*. Or quel est l'*Ecclesiastique*, qui *n'a jamais rien entendu dire des disputes sur le fait de Jansenius*? Y eut-il jamais dans le monde une dispute d'une plus grande notorieté que celle-cy ? N'est-elle pas devenuë, pour ainsi dire, populaire ? Quand même quelque Ecclesiastique auroit pû l'ignorer il y a quinze ans, pendant qu'elle paroissoit un peu assoupie, qui est-ce qui depuis ces dernieres années n'en est pas informé ? on ne parle plus d'autre chose. C'est comme si on vouloit qu'un homme militaire n'eût rien entendu dire de la guerre qui agite l'Europe.

2. Cét Ecrivain veut qu'un Ecclesiastique, qui a *entendu* parler de ces disputes, *ne doute non plus de ce fait, que s'il n'en avoit jamais entendu parler, parce qu'il croit que la chose est entierement indubitable par l'autorité de l'Eglise*. Autre supposition chimerique. S'il a entendu parler de ces disputes, il est evident qu'il a entendu dire cent & cent fois, que le Parti croit l'Eglise infaillible sur le droit, & non pas sur le fait; & que c'est par rapport au fait que le Parti refuse de se soûmettre. Il faut ou n'entendre parler de rien, ou entendre parler de ce point capital, qui est éternellement repeté dans tous les discours & dans tous les Ecrits du Parti. Un Ecclesiastique peut-il prêter l'oreille à la moitié de ces discours, quand le Parti dit, Nous croions le droit : peut-il ensuite boucher tout à coup ses oreilles, dés que le Parti ajoûte, Mais nous ne pouvons pas croire le fait ?

3. Quand cet Ecrivain suppose qu'un Ecclesiastique *croit que la chose est entierement indubitable par l'autorité de l'Eglise*, veut-il dire que cet Ecclesiastique est persuadé que l'Eglise est infaillible sur le prétendu fait ? S'il l'entend de la sorte, j'avouë qu'il n'y a qu'à laisser l'Ecclesiastique en repos. Il pense tout ce qu'il faut penser, tout est fini, & il ne reste rien à desirer. Quand même le Parti voudroit mettre cet Ecclesiastique dans le doute à cét égard, il n'y reussiroit pas, puisqu'on suppose que cet Ecclesiastique reconnoit dans l'Eglise, par rapport à cette question, une infaillibilité fondée sur les promesses pour la confirmation du depost de la Foy. Cet Ecclesiastique est donc entierement hors du rang de ceux, sur lesquels le Parti doit deliberer par rapport à la signature. Pour faire la supposition d'une maniere qui merite une serieuse deliberation du Parti, il faut donc necessairement supposer un Ecclesiastique, qui ne croit pas l'Eglise infaillible, ou du moins qui doute de son infaillibilité sur ce poiut.

4. Il ne s'agit nullement de deliberer pour savoir si on mettra, ou si on ne mettra point cet Ecclesiastique *en doute sur le fait de Jansenius.* Il s'agit de savoir si cet Ecclesiastique lui-même n'est pas obligé en conscience à examiner la chose dont il va jurer la croyance. On le mene dans une Greffe d'Officialité, & on veut luy faire jurer par écrit qu'il croit que le livre de Jansenius contient cinq heresies. Ne doit-il pas au moins

demander sur la parole de qui on veut qu'il fasse ce serment ? Je n'ay jamais lû ce livre, dira-t-il, comment puis-je jurer que je le crois rempli de cinq heresies ? peut-être que ce livre est tres-pur. J'ay oüi dire de tout côtez qu'il y a un grand Parti composé de tres-habiles Theologiens qui soûtiennent depuis 60. ans qu'il n'enseigne que la doctrine de S. Augustin. Que sçai-je de cette dispute ? Qui me dira de quel côte est le tort ? Qu'ai-je besoin de décider entre les deux opinions, moi qui les ignore également toutes deux ? Pourquoi faut-il que je jure la condamnation de tant de sçavans hommes, qui ont peut-être raison ? Dois-je jurer la croyance certaine d'un fait, dont je ne suis pas certain ? Au moins donnez-moy une certitude, avant que de me faire jurer. On répondra à cet Ecclesiastique, Vous ne devez point douter de ce fait, car c'est l'Eglise qui vous le certifie. Mais cet Ecclesiastique répondra d'abord, J'entens dire de tous côtez que l'Eglise n'est pas infaillible sur le fait comme sur le droit : qui est-ce qui me répond que l'Eglise n'a pas pû être mal informée & surprise touchant ce fait ? Qui sçait, si pouvant actuellement faillir, elle n'a pas actuellement failli ? Ne vois-je pas qu'elle est quelquefois trompée dans d'autres jugemens par de fausses preuves ? Je vois qu'elle declare nul un mariage qui est tres-valide. Je vois qu'elle dispense souvent sur de faux exposez. Je n'entens parler dans nos Ecoles que de jugemens de l'Eglise sur *des faits particuliers*, qui sont obreptices ou subreptices. Ne peut-il pas y avoir de l'obreption ou de la subreption sur le fait de Jansenius, comme sur les autres faits ? Dois-je m'exposer à jurer la croyance d'un fait faux ou douteux, au hazard de la subreption ? Dans le doute la religion du serment m'oblige à m'abstenir de jurer. Il ne s'agit donc pas d'examiner, comme cet Ecrivain veut le faire entendre, *quel avantage il reviendroit du doute à ces personnes*. Il est inutile de dire, *On troublera leur conscience*. Il est manifeste que *la conscience* d'un Ecclesiastique l'oblige en ce cas à douter, jusqu'à ce qu'il soit persuadé que l'Eglise ne peut ni se tromper, ni par consequent le tromper, en le faisant jurer. Autrement il ne sçait pas sur quel fondement certain il jure. Or jurer sans connoître le fondement certain de son serment, c'est jurer avec temerité, c'est jurer au hazard, c'est jurer faux, c'est jurer qu'on a la croyance certaine que l'on n'a point, & qu'on sçait bien qu'on ne peut pas avoir, c'est faire manifestement un vray parjure. C'est donc hors de tout propos, & contre la verité manifeste que cet Ecrivain suppose, qu'un Ecclesiastique *ne doute point & qu'il signe* ainsi le Formulaire de bonne foi. Il doit douter, & il ne seroit point de bonne foi s'il cherchoit à fermer les yeux pour ne douter pas sur une autorité qu'il suppose douteuse, s'il juroit sans vouloir éclaircir un doute si capital. Tout homme raisonnable doit douter, toutes les fois qu'il s'agit de juger,

& encore plus de juger dans un acte solemnel sur une chose tres-importante; & encore plus de jurer pour confirmer son jugement. Il doit douter, il doit suspendre son jugement & son serment, jusqu'à ce qu'on lui fournisse une absoluë certitude. Donnez-la moi, dit-il, cette certitude du côté de l'objet, en me montrant dans le livre les cinq heresies clairement exprimées avec une manifeste exclusion de tout correctif, auquel cas l'évidence du fait mettra ma conscience en sûreté; ou bien donnez-moi cette certitude du côté de l'autorité qui me propose ce fait, en me montrant que l'Eglise, qui veut me faire jurer, ne peut point se tromper sur ce fait, comme elle se trompe sur tant d'autres, à l'égard desquels elle ne trouve pas mauvais qu'on luy prouve la subreption. Jusqu'à ce que vous m'aiez donné une absoluë certitude, ou du côté de l'objet par l'évidence du texte, ou du côté de l'autorité par l'infaillibilité de l'Eglise en ce point, je ne sçaurois ni juger sans temerité, ni jurer sans parjure. Il ne m'est pas plus permis de jurer sur l'hereticité du livre de Jansenius, que de jurer sur la validité d'un mariage, ou de la verité d'un crime jugé vrai par l'Eglise. Rien n'est donc plus chimerique que de supposer contre la verité évidente de la chose même, qu'un Ecclesiastique ne doute point, quand il est evidemment obligé de douter, & qu'il signe de bonne foi, lors que sa mauvaise foi & son parjure sautent aux yeux, à moins qu'il n'ait une absoluë certitude, ou par l'évidence du texte de Jansenius, ou par l'autorité infaillible de l'Eglise dont il est convaincu.

5. Cet Ecrivain s'écrie, *Il faudroit n'être pas Theologien pour accuser de peché ces Ecclesiastiques qui signent ainsi de bonne foi le Formulaire.* Mais il est visible qu'il n'est guéres *Theologien* lui-même, & qu'il est plus relâché sur la matiere des sermens dans les professions de foi, que ne le furent jamais les Casuistes que le Parti accuse du plus énorme relâchement. Quoy, cet Ecrivain décide qu'on ne peut *accuser de peché* un Ecclesiastique qui jure malgré tous les bruits d'une si éclatante & si longue contestation, qu'il croit le livre d'un Evêque rempli de cinq heresies monstrueuses, & qu'il veut que l'Evangile de Iesus-Christ se tourne à son éternelle condamnation, s'il n'est pas vrai qu'il croit ce livre heretique, quoique cet Ecclesiastique soit dans une évidente necessité de douter de ce fait. D'un côté il y est contraint par la profonde ignorance où il se trouve de ce livre, n'en ayant jamais lû trois lignes: d'un autre côté il y est contraint par l'incertitude où il se trouve sur l'autorité de l'Eglise, dont les jugemens sur des faits sont souvent fautifs & subreptices. Il n'a aucune certitude ni par l'évidence de l'objet, ni par une autorité incapable de le tromper. Si cet Ecclesiastique étoit assez temeraire pour ne douter pas, & pour ne suspendre pas son serment dans cette situation, tout Theologien d'une conscience droite devroit luy arrêter la main pour l'empêcher de signer un parjure.

6. Cet Ecrivain dit, *On troublera leur conscience, on les exposera au peril de jurer contre ce qu'elle leur inspirera* D'où vient qu'il craint cet inconvenient? c'est qu'en effet, si vous laissez un seul moment un homme douter de l'infallibilité de l'Eglise en ce point, il ne peut plus former sa conscience pour jurer licitement. Mais cet Ecrivain s'imagine-t-il qu'il n'y a qu'à laisser un homme jurer d'une façon aveugle & temeraire, pour luy épargner un parjure? Si un Calviniste juroit pour s'engager à croire tout ce que le prochain Synode national decideroit sur la foy, quoi qu'il fût persuadé que son future Synode pourroit decider faussement, les Theologiens devroient-ils dire, Laissons jurer cet homme : en lui representant la difficulté, *on troubleroit sa conscience, on l'exposeroit au peril de jurer contre ce qu'elle lui inspirera.* Tout au contraire tout Theologien droit & éclairé ne manqueroit pas de dire : Il faut l'empescher de jurer dans la persuasion où il est. Il est persuadé que son Synode est faillible en ce point, & par consequent que son Synode le trompera peut-être par une fausse décision. Dans cette persuasion il ne sauroit jurer de bonne foi; car on ne peut être de bonne foy, quand on jure la croyance certaine d'une chose, & qu'on n'a pour toute raison de la croire qu'une autorité qu'on juge fautive & incertaine. C'est sur cette demonstration invincible que tous les principaux Ecrivains du Parti soûtenoient que les Filles de

Port-Royal ne pouvoient point en conſcience ſigner le Formulaire. Ces Filles ſuppoſoient que l'Egliſe pouvoit ſe tromper ſur le fait de Janſenius. D'ailleurs elles ſavoient que beaucoup de Theologiens d'une reputation diſtinguée conteſtoient ce fait. En voilà aſſez, diſoient ces principaux Ecrivains, pour devoir douter, & pour ne pouvoir pas en conſcience jurer dans le doute. Il n'eſt permis de jurer la croyance d'une choſe, que quand on la ſçait certainement par ſoi-même, ou quand on en a une pleine certitude par une autorité qui ne peut point tromper. Voilà le cas où ſe trouvoient les Filles de Port-Royal. A plus forte raiſon c'eſt celui où ſe trouve tout Eccleſiaſtique, qui ne croit point l'Egliſe infaillible ſur le livre de Janſenius.

I I.

LE ſecond état que cet Ecrivain ſuppoſe, eſt celui des Eccleſiaſtiques *qui* * *étans touchez des choſes qu'ils ont lûës ou entendu dire, doutent s'ils doivent ſigner ou non le Formulaire ſur l'ordre des Superieurs.*

1. Cet Ecrivain ſent bien qu'un vrai doute, qui rend un Eccleſiaſtique incertain de la verité ou de la fauſſeté de la déciſion de l'Egliſe, le rend par neceſſité pareillement incertain ſur la verité ou fauſſeté de ſon ſerment. Pour ſe tirer d'un ſi grand embarras, cet Ecrivain eſt reduit à recourir au principe de l'infaillibilité de l'Egliſe. *Voyez*, dit-il, *à quoi ſe reduit la puiſſance & l'au-*

* *Pag.* 24.

rité que Dieu a donnée à l'Eglise, avec le secours divin qui lui est promis jusques à la consommation du siecle, supposé qu'il soit permis sur un tel doute, de resister aux decisions des Superieurs Ecclesiastiques. Quoi donc? est-ce que nôtre esprit flottant ne cedera point à une si grande autorité, à cette autorité qui est sur nos esprits la plus grande qui se trouve sur la terre, à cette autorité que le Saint Esprit nomme la Colomne & l'appuy de la verité, à cette autorité que nous devons suivre, de peur que nous ne soyons comme des Payens & des Publicains, à cette autorité qui est proposée dans les saintes Ecritures comme celle qui doit juger de toutes nos controverses, enfin à cette autorité contre laquelle les portes de l'Enfer ne peuvent prevaloir? Qu'y a-t il de plus intolerable?

Si cet Ecrivain veut dire par tant de magnifiques & vehementes expressions, que l'Eglise, selon les promesses, est infaillible sur le livre de Jansenius, & que le simple doute de nostre *esprit flottant* ne doit point resister à cette autorité infaillible, il dit tout ce que nous disons, & nous ne voulons rien dire au dela de ce qu'il dit : la dispute est finie. Mais nous verrons bientost que cet Ecrivain évite avec art de proposer le vrai fondement d'une infaillibilité promise sur les textes. Que veut-il donc dire, & oseroit-il lui-même entreprendre de l'expliquer? Veut-il appliquer toutes les promesses de l'Ecriture à tous les jugemens que l'Eglise prononce sur *des faits particuliers*, où elle peut être trompée *par des faux témoins*, comme dit saint Thomas ? Veut-il que *les portes de l'Enfer ne puissent prévaloir* contre aucun des jugemens qu'elle prononce sur *des possessions* de biens, sur *des crimes* personels, ou sur des mariages ? Veut-il qu'un homme soit rejetté *comme un Payen & comme un Publicain*, dés qu'il representera avec modestie & respect à l'Eglise, que sa décision sur un *fait particulier* est obreptice ou subreptice ? Il est vrai que l'Eglise est *la colomne & l'appuy de la verité.* Il est vrai que *le secours divin luy est promis jusqu'à la consommation du siecle.* Mais cet Ecrivain refuse-t-il de distinguer avec saint Thomas l'Eglise entant qu'elle est *appuyée par le secours divin*, dans les poincts qui regardent la foy & le salut des peuples en general, d'avec l'Eglise *entant qu'elle est une assemblée d'hommes*, laquelle peut juger *par erreur humaine contre l'autorité divine.* A l'égard des *faits particuliers*, les promesses ne nous assûrent en aucune façon que Eglise ne décidera point faussement : au contraire il est libre à chaque particulier de prouver que l'Eglise s'est trompée, & elle doit elle-même, dit saint Thomas, retracter son erreur, dés qu'on la lui montre, *quando ad notitiam Ecclesiæ venit.*

A quoy sert-il donc que cet Auteur vienne entasser toutes les promesses pour nôtre cas, supposé que les promesses n'ayent aucun lieu, selon cét Ecrivain, pour le cas contesté ? Si les promesses peuvent s'appliquer à la condamnation du livre de Jansenius, les promesses nous répondent que cette condamnation est *la colomne & l'appuy de la verité*, que *les portes de l'Enfer n'ont pû prévaloir* sur l'Eglise dans ce Jugement, & qu'il faut rejetter *comme Payens & comme Publicains* tous les principaux Ecrivains du Parti, qui ont refusé pendant tant d'années de croire cette décision. Si au contraire les promesses ne tombent point sur le fait de Jansenius, c'est se joüer de Dieu & des hommes que d'oser appliquer les promesses a ce cas, puis qu'on suppose qu'elles ne s'y étendent point. Est-il question de faciliter une signature & un serment dans une profession de foi, pour se mettre à l'abri de l'orage & pour pouvoir faire accroire au monde que le Jansenisme n'est qu'un fantosme ? on cite hardiment les promesses, & on veut que ce soit douter de leur verité que de hesiter un moment sur la signature. Mais est-il question de savoir quelle est la raison certaine de croire le fait, en vertu de laquelle on en jure la croyance certaine? alors on nie que les promesses s'étendent jusques sur les condamnations de textes. Ainsi on se sert tour à tour des deux raisons contradictoires. Tantost on appelle les promesses à son secours pour éluder un doute, & pour ployer sa conscience à un serment dont on a besoin dans la vûë politique de sauver le Parti ; tantost on exclut les promesses de la condamnation du livre de Janſenius, de peur de ne laiſſer aucune reſſource au Parti ſur le ſyſteme de cet Auteur.

Que ſi on veut ſuivre de bonne foi le principe de tout le Parti ſur la faillibilité de l'Egliſe touchant les textes, il faut dire qu'à l'égard de ces faits l'Egliſe n'eſt point *la colomne & l'appuy de la verité*, parce que les veritez de cette eſpece n'importent en rien à la conſervation du depoſt de la foi : il faut dire qu'on ne doit point être rejetté *comme un Payen & comme un Publicain*, quand on ſoûtient reſpectueuſement à l'Egliſe, que ſon Jugement contre ce livre eſt ſubreptice : enfin il faut dire que l'Egliſe, qui *par erreur humaine*, *contre l'autorité divine*, condamne un texte auſſi pur que celui de ſaint Auguſtin, & dont la déciſion ſe reduit à un texte formellement Pelagien, doit retracter ſon erreur, dés qu'on la lui aura demontrée, *quando ad notitiam Eccleſiæ venit.*

C'eſt donc ſans fondement que l'Ecrivain dont il s'agit, veut qu'un Eccleſiaſtique prefere à ſon doute l'autorité de l'Egliſe ſur le fait de Janſenius. Une autorité faillible eſt douteuſe : or une autorité douteuſe ne peut jamais nous delivrer d'un doute, qu'on ſuppoſe d'ailleurs prudent & bien fondé. Comment voulez-vous que deux ſujets de doute vous produiſent une certitude ? D'un coſté vous ſuppoſez que l'hereticité du livre de Janſenius paroit douteuſe à cet Eccleſiaſtique pieux & ſensé : d'un autre coſté vous ſuppoſez que l'autorité qui décide lui paroit semblablement douteuse. Car si vous supposez qu'une autorité est actuellement faillible en un poinct, vous supposez qu'il est douteux par sa nature, si elle se trompe ou ne se trompe pas actuellement sur ce poinct-la. Voilà donc deux sujets de doute, l'un de la part de l'objet incertain, l'autre de la part de l'autorité actuellement fautive & incertaine : comment tirerez vous une certitude de ces deux sujets de douter ?

2. Envain cet Ecrivain s'écrie, que c'est *la plus grande autorité qui soit sur la terre* Mais *la plus grande autorité qui soit sur la terre*, si elle est faillible, & si elle peut décider *par erreur humaine contre l'autorité divine*, ne peut point nous donner une vraye certitude pour un serment, dans un poinct qui nous paroit douteux & incertain. C'est ainsi qu'un arrest d'un Parlement, ou un decret d'une fameuse Faculté de Theologie, ou une décision faite par un Concile national ne pourroit point suffire pour nous donner une croyance certaine d'un poinct qui nous paroîtroit douteux.

3. Voici des paroles bien remarquables de ce même Ecrivain, que nous lisons dans les lignes immediatement suivantes. *Mais le Formulaire*, dit-il, *n'est point fait par l'Eglise Universelle. J'en conviens. Cet aveu n'énerve point ma preuve. Le Formulaire est autorisé certainement par plusieurs Souverains Pontifes, que beaucoup d'Evêques ont suivis. A peine trouverez-vous quelque Evêque, si*

toutefois

toutefois il y en a quelqu'un, qui desapprouve le Formulaire. Qui est-ce donc qui nie que l'Eglise a approuvé la Constitution qui oblige à signer le Formulaire? S'il ne suffit pas qu'une décision autorisée par les Souverains Pontifes soit reçuë par les Evêques, aucun d'entr'eux ne reclamant, quelle sera la décision qu'on pourra dire avoir été faite par l'Eglise Universelle? Est-ce que l'autorité de l'Eglise ne se trouve nulle part hors d'un Concile general? Que devient donc la promesse de Jesus-Christ, *Voilà que je suis tous les jours avec vous jusques à la consommation du siecle? Comment est ce que le demon ne sauroit prévaloir contre l'Eglise, s'il le peut hors du tems où le Concile Oecumenique est assemblé?* Voila sans doute un grand aveu. C'est le Pape & non l'Eglise Universelle, selon cet Ecrivain, qui a fait le Formulaire. Mais l'Eglise Universelle l'a approuvé & confirmé, tant d'Evêques l'ayant reçû, & aucun n'ayant reclamé. Il ne faut point de *Concile Oecumenique*, ni de reception solemnelle de toutes les Eglises. Il suffit que les Souverains Pontifes presentent ce Formulaire, & qu'aucun Evêque ne reclame. Autrement *quelle seroit la décision qu'on pourroit dire avoir été faite par l'Egise Universelle?* Rien n'est plus juste & plus décisif que ce raisonnement. Mais la preuve de cét Auteur se tourne pour nous contre le Parti, & contre cet Ecrivain même, s'il ne croit pas l'infaillibilité de l'Eglise sur les textes. En effet s'il étoit vrai que l'Eglise confirmant le Formulaire presenté par le

Pape, eût autorisé une tyrannie, par laquelle le Siege Apostolique contraignît les Ecclesiastiques de jurer malgré leur doute, contre un texte aussi pur que celui de saint Augustin, *que deviendroit la promesse*, pour parler comme cet Ecrivain? En ce cas JESUS-CHRIST nous auroit trompé en disant: *Voilà que je suis tous les jours avec vous jusques à la consommation du siecle.* Le demon auroit *prévalu contre l'Eglise*, dans cette condamnation Pelagienne d'un texte aussi pur que celui de saint Augustin. Vous voyez que cet Ecrivain ne peut justifier la signature faite malgé le doute, qu'à force de recourir au promesses, qui nous répondent que JESUS-CHRIST sera tous les jours avec l'Eglise, appouvant ou condamnant avec elle tous les textes conformes ou contraires à la pure foy. Ainsi cet Ecrivain ne trouve aucune ressource pour justifier la signature, que par nostre principe.

III.

CEt Auteur suppose néanmoins ensuite, que l'Eglise n'est point infaillible, en autorisant le Formulaire, *parce qu'il s'agit d'une question de fait ... Est-ce donc*, dit-il, * *qu'un particulier qui est dans le doute, ne peut & ne doit jamais soûmettre son esprit, s'il n'y est assujetti par une autorité infaillible? La verité contraire est évidente, & nous allons l'éclaircir par deux exemples.*

1 Voici le premier exemple qu'il allegue. *Les Conciles Nationaux & Provinciaux*, dit-il, *ont*

* *Pag. 27.*

toûjours été en droit de condamner les dogmes, qu'ils croyoient pernicieux, & de contraindre les Fidelles à les condamner. Quiconque nieroit qu'ils ont ce pouvoir, renverseroit l'ordre établi dans l'Eglise. Ils ne sont pas pourtant infaillibles. Mais où est-ce que cét Ecrivain trouvera que les Conciles particuliers & faillibles sont en droit de contraindre tous les Fidelles à jurer la croyance certaine & irrevocable de leurs décisions dans un Formulaire ? Les Conciles tres-nombreux de saint Cyprien & de Firmilien, tenus en faveur de l'heresie des Rebaptisans, pouvoient-ils dresser un Formulaire pour contraindre tous les Fidelles à jurer la croyance certaine & irrevocable de cette heresie ? oseroit-on le soûtenir ? Où en est-on, quand on est reduit à dire des choses si odieuses & si insoûtenables ? Dira-t'on aussi que tous les Conciles particuliers des Evêques Ariens étoient en droit de faire jurer à tous les Fidelles la croyance de leurs Formules, qui varioient à l'infini ? Dira-t'on enfin que tous les Fidelles doivent jurer tout à tour sur tous les Formulaires opposez, que des Conciles particuliers & fautifs leur presenteront independamment de l'Eglise Universelle & du Siege Apostolique ? Ce seroit faire jurer tantost la pure foi, tantost l'impieté & l'heresie au gré des Assemblées sujettes à l'erreur. Il est donc manifeste qu'on ne doit jurer la croyance que des décisions faites par une autorité infaillible : chaque Fidelle est en droit d'appeller de la décision d'un Concile particulier & fautif. Le Concile Oecumenique est superieur au particulier, & on ne le doit assembler que pour juger les points à l'égard desquels quelqu'un a appellé du Jugement du Concile inferieur. L'appellation est donc de droit. Or il est evident que celui qui est libre d'appeller du Concile inferieur au superieur, n'est point obligé à jurer dans un Formulaire la croyance absoluë & irrevocable de la décision du Concile inferieur dont il l'appelle actuellement. L'appellation qu'il est libre de faire, & le serment qu'il feroit, seroient contradictoires. Il est donc indubitable qu'on n'est jamais obligé à jurer dans un Formulaire la croyance absoluë & irrevocable des décisions d'un Concile particulier & faillible : on ne le doit que pour les décisions faites par une autorité supreme & infaillible. Ainsi le premier exemple de nôtre Ecrivain se tourne contre lui, & renverse toute sa preuve.

2. Son second exemple n'est pas plus heureux que le premier. *Supposons*, dit-il, † *que Pierre est Capitaine ou simple soldat sous un Roi legitime, qui declare la guerre à un autre Roi ou Prince voisin. Supposons deplus, qu'il y a des raisons de douter de la justice de cette guerre. Il consulte des Theologiens pour savoir s'il doit obeïr à son Roi, qui lui commande d'aller le servir. Que répondront ces Theologiens ? diront-ils qu'il doit refuser d'y aller, tandis qu'il ne verra point clairement que cette guerre est juste, de peur qu'il ne porte les armes injustement, & qu'il faut éclaircir cette que-*

† Pag. 28.

ction douteuse, puis qu'il n'est jamais permis de favoriser une entreprise injuste ? A Dieu ne plaise qu'un Theologien éclairé donne un tel conseil : au contraire il dira avec saint Augustin, qu'il faut mépriser ce doute, qu'il faut supposer la justice de la guerre que le Roi entreprend, tant qu'on n'en voit pas clairement l'injustice, que le bien de l'Etat le demande, que le Roi ne peut point donner à chacun de ses sujets des demonstrations sur la justice de ses armes, qu'en un mot il est naturel que les soldats abandonnent la cause du Royaume, si on ne rejette pas ces sortes de doutes. En verité n'auroit-on pas honte de dire qu'on doit cette deference au Roy ou Prince seculier, mais qu'on ne la doit pas au Chef de l'Eglise.

Cet Ecrivain est mal instruit des principes de saint Augustin & de toute l'Eglise touchant la guerre. *L'ordre naturel qui doit regler les hommes & qui convient à la paix,* dit saint Augustin, * *demande que l'autorité & la deliberation pour entreprendre la guerre appartienne au Prince, & que le ministere d'executer les ordres pour la guerre regarde les militaires, qui doivent remplir cette fonction en vuë de la paix & du salut commun.... Ainsi un homme juste, qui sert peut être a la guerre sous un Roi sacrilege, peut par ses ordres porter les armes, en gardant les regles pacifiques des Citoyens, parce qu'il est certain que ce qui lui est commandé n'est pas contraire a la loi de Dieu, ou parce qu'il n'est pas certain qu'il soit contraire à cette loi, en sorte que l'injustice du commandement*

* *Contra Faust. l.* 22. c. 75.

rend peut-être le Roi coupable, pendant que l'ordre du service rend ce militaire innocent.

Voila la décision claire & précise de ce Pere, qui est celle de toute l'Eglise. *Toute l'autorité & toute la deliberation* sur la justice ou injustice de la guerre n'appartient qu'au seul Prince souverain, ou aux Chefs qui gouvernent la Republique. Le partage du militaire est *d'executer* sans raisonner *les ordres* qu'il reçoit. Il ne doit point attendre qu'on l'ait convaincu, que cette guerre est juste, ni qu'il ait une croyance certaine de la justice de la cause de sa nation. Il lui suffit *qu'il ne soit pas certain*, que le service de la guerre qu'il rend, *soit contraire à la loi de Dieu*. Ainsi il n'est nullement necessaire qu'il ait une croyance certaine en faveur du fonds de la cause que sa Patrie soûtient. Il arrive même des cas, où la guerre est injuste de la part d'un Prince ambitieux, *que l'injustice de son commandement rend coupable, pendant que l'ordre du service rend le militaire innocent.* Il est evident que dans ce cas le militaire n'est point obligé en conscience à croire certainement que la guerre est juste, puisque saint Augustin suppose qu'elle ne l'est pas, & que nul homme n'est jamais obligé à croire certainement comme vraye une chose fausse, ou même incertaine. Que faut-il donc que le militaire fasse en ce cas? il faut qu'il obeïsse sans se permettre de raisonner, rendant son obeïssance independante de la justice ou injustice de la guerre, dans laquelle il est employé. Supposez tant qu'il vous plaira qu'il doute ; supposez même, si vous le voulez, qu'il lui semble voir les plus fortes raisons contre la cause de sa nation : n'importe, il doit toûjours également obeïr. *La deliberation* n'appartient qu'*au Prince :* le militaire n'a que le ministere *d'executer.* Ce qui est injuste dans l'ordre du Prince, est tres-juste dans l'execution du sujet. *L'ordre du Prince rend le militaire innocent.* Celui-ci n'est point responsable de l'entreprise de la guerre. Il ne répondra à Dieu que de sa fidelité pour obeïr. Il y a même dans toutes les guerres un mêlange inevitable entre les actes d'hostilité offensive, & ceux de l'hostilité defensive. Il est impossible de separer ces deux choses. Quand même un Prince auroit entrepris contre un voisin une guerre manifestement injuste, il exposeroit ses Etats en attaquant ceux de son voisin. Il faudroit donc repousser l'ennemi, & l'attaquer pour le repousser. Ainsi la necessité d'obeïr au Prince pour defendre la Patrie, mettroit chaque militaire dans l'évidente necessité d'attaquer l'ennemi. Il ne s'agit donc ni de raisonner, ni de s'assûrer de la justice de la guerre, ni d'en avoir une croyance certaine ; mais d'obeïr sans raisonner, & de ne songer qu'à faire réüssir la guerre entreprise par une autorité superieure, qu'il ne faut point se permettre d'examiner. Rien n'est plus faux & plus dangereux que cette maxime de nostre Ecrivain, savoir qu'*il est naturel que les soldats abandonnent la cause du Roy-*

aume , si on ne rejette pas ces sortes de doutes. Où en seroit un Roi & un Royaume, si on supposoit que les soldats doivent *abandonner* le service & deserter, dez qu'ils auront des doutes sur la justice de la guerre ? Ces doutes bien fondez ou imaginaires peuvent occuper malgré eux une infinité d'hommes d'un jugement foible. Le salut de l'Etat demeurera-t'il à la merci de l'esprit des hommes dominez par leur imagination mal reglée ? Attendra-t'on pour les faire combattre, qu'ils ayent acquis une croyance certaine de la bonne cause de leur Prince, & qu'il ne leur reste plus aucun doute ? Cette croyance certaine dépend-elle d'eux ? L'entendement des hommes est-il libre de croire certainement tout ce que l'on veut ? Les doutes ne saisissent-ils pas souvent nostre esprit malgré nous ? Tout l'ordre seroit donc renversé, si on faisoit dependre l'action du soldat de sa croyance certaine. Toute la sûreté de l'Etat consiste à mettre à part toute croyance sur les divers sujets de guerre, & à vouloir qu'on serve toûjours avec une égale ardeur, independamment de tout ce qui peut se presenter de douteux à l'esprit sur toutes ces questions.

L'Ecrivain dont il s'agit, devroit remarquer que la guerre est toûjours entre deux nations. Par exemple, dans la guerre qui s'alluma il y a environ 40. ans entre l'Angleterre & la Hollande, un Anglois devoit servir son Roi contre la Hollande, & un Hollandois devoit servir sa Republique contre l'Angleterre. La croyance certaine de la justice de la guerre ne pouvoit pas être de deux costez. Car les deux causes opposées ne pouvoient point être toutes deux à la fois certainement & évidemment justes. Il falloit que l'une des deux ne le fût pas. Il seroit trop absurde de prétendre que les deux nations étoient obligées en conscience à croire en même tems avec certitude, l'une que l'Angleterre avoit raison & que la Hollande avoit tort, l'autre que l'Angleterre avoit tort & que la Hollande avoit raison. Il suffit que chaque militaire de chaque nation, sans croire avec certitude que sa nation a raison ou tort dans la guerre presente, soit bien persuadé qu'independamment de ces questions, qui sont au-dessus de lui, il aura raison, & ne fera que son devoir, quand il s'appliquera sans relache avec zele à defendre la Patrie contre l'ennemi. Mais le Prince ne seroit point en droit de lui faire jurer dans un Formulaire, qu'il croit avec certitude que la cause de son Prince est juste: car il ne pourroit point avoir cette certitude par son propre examen, n'ayant jamais examiné les loix des deux nations, ni les traitez de Paix, ni les autres circonstances d'une si grande affaire. Il ne pourroit point aussi avoir cette certitude par la seule autorité de son Prince: car un Prince peut se prevenir en faveur de son droit, comme il arrive dans toutes les guerres que l'un ou l'autre des deux Princes, qui prennent les armes, se flatte d'avoir un bon droit, quoi qu'il ne l'ait pas. Enfin les deux Princes opposez ne seroient point en droit de faire jurer leurs soldats : autrement il arriveroit qu'on feroit jurer en même tems dans les deux nations oppoposées la croyance certaine de deux propositions contradictoires, ce qui seroit le comble de l'absurdité, & le plus horrible abus du serment. Ainsi il est clair comme le jour que l'exemple des militaires, loin de prouver ce que cet Ecrivain veut établir pour le serment du Formulaire, renverse toute sa preuve.

3. Cet Ecrivain ajoûte en passant une troisiéme comparaison aussi peu concluante que les deux autres. C'est celle *des jeunes Theologiens, qu'on exhorte à s'attacher aux opinions de leurs Maîtres, dans les difficultez qu'ils ne sont point encore capables de resoudre eux-mêmes.* Il est vrai qu'on exhorte les jeunes Etudiants à se laisser prévenir en faveur des opinions de leurs Maîtres. Mais ce n'est qu'une simple prévention favorable pour une opinion, ce n'est qu'une deference qu'on leur inspire, afin qu'ils puissent mieux entendre la pensée d'un Professeur, & afin qu'ils ne s'entestent pas dans ces commencemens, d'opinions bizarres & singulieres, qui les mettroient hors d'état d'entendre les opinions les plus raisonnables. Mais on n'a garde de les obliger à croire d'une croyance certaine & irrevocable toutes les opinions douteuses de leurs Professeurs, & encore moins à jurer dans un Formu-

laire cette croyance. Ainsi toutes ces comparaisons si peu justes ne servent qu'à démontrer l'impuissance où est cet Ecrivain d'alleguer aucun exemple qui puisse donner la moindre couleur à ce qu'il soûtient.

IV.

IL *vous reste* † *peut être*, dit cet Ecrivain à son Ami, *quelque scrupule sur le serment du Formulaire....; mais vous reconnoitrez que le serment ne doit faire aucune peine à ceux qui souscrivent sincerement; car celui qui jure, ne confirme autre chose par son serment, sinon qu'il souscrit avec sincerité.* Mais c'est précisement cette *sincerité* même qui doit faire une étrange peine à celuy qui jure, s'il est vrai qu'il craigne Dieu. Remarquez qu'il ne jure point qu'il defere à l'Eglise, qu'il presume qu'elle a raison, qu'il suppose qu'elle ne décide point à l'aveugle : mais il jure qu'il croit & qu'il ne doute point : il jure une croyance certaine. Où voulez-vous qu'il la prenne cette certitude, s'il ne la trouve ni dans son propre examen sur le livre de Jansenius, ni dãs l'autorité de l'Eglise, qu'il ne croit point incapable de le tromper actuellement sur le fait en question? C'est donc vouloir se tromper à plaisir & supposer une chose évidemment fausse, que de supposer que celui qui jure, *souscrit avec sincerité.*

D'ailleurs quiconque dit une *souscription sincere*, dit sans doute, que la pensée de l'homme qui jure & qui souscrit, répond précisement au

† Pag. 29. Pag. 30.

sens propre & naturel des paroles de son serment. Or le sens propre & naturel du serment contenu dans le Formulaire, est que celui qui jure *rejette & condamne de cœur les cinq Propositions extraites du livre de Jansenius dans le sens que l'Auteur y a exprimé.* Il faut, selon la derniere Constitution, que celui qui signe, *juge interieurement que le livre contient la doctrine heretique*; qu'il *pense sur* celui, *ce que l'Eglise pense elle même*; qu'enfin *il rejette de cœur & condamne comme heretique le sens du livre*, sans pouvoir mettre a la place de ce jugement absolu, je ne sçai quelle vague *credulite*, ou simple presomption en faveur de l'Eglise. Celui qui jure ne peut donc le faire avec sincerité, qu'autant qu'il condamne de cœur les cinq Propositions extraites du livre dans le sens propre & naturel du livre même. Ainsi à moins que celui qui signe, ne croye d'une croyance certaine, intime, & irrevocable l'hereticité de ce livre, comme enseignant cinq heresies, loin de *souscrire avec sincerité*, il *trompe l'Eglise par son serment*, comme dit la nouvelle Constitution.

Il est vrai, comme cet Ecrivain le remarque aussitost aprés, qu'il y a *deux* * *manieres* de souscrire avec sincerité L'une est, qu'un homme *assure qu'il connoit avec évidence la fausseté d'une proposition & la raison pour laquelle elle est fausse.* L'autre est, quand un homme *qui jure, n'examine nullement la verité ou fausseté de la proposition en elle même, mais il obeït sincerement à*

* *Pag.* 20.

la décision du Pape, & en vertu de cette obeïssance il deteste la proposition, sans examiner ni considerer la verité ou fausseté de la proposition en elle-même. Je conviens que ces deux manieres de signer sont tres differentes. Dans l'une l'homme signe sur l'évidence de l'objet par son propre examen. Dans l'autre il signe sans aucun examen, ni évidence de la part de l'objet, sur la seule autorité de l'Eglise. Mais il faut trouver dans la seconde maniere une croyance certaine de la chose, & par consequent un motif certain de la croire, en vertu duquel on puisse jurer. Quand c'est sur la seule autorité qu'on jure, il faut au moins être bien assuré que cette autorité tient lieu de tout, & qu'elle n'expose à aucun mécompte dans le serment. Soit qu'on jure sur l'évidence, soit qu'on jure sur l'autorité, il faut dans tous les deux cas jurer une croyance certaine, & par consequent croire avoir un motif qui ne puisse pas nous tromper. C'est ce qu'une autorité faillible & incertaine ne peut pas donner.

Cét Ecrivain croit avoir bien applani la difficulté, en disant : † *Il s'agit donc de la condamnation par laquelle un homme se soûmet, & par consequent son serment ne signifie autre chose sinon que celui qui jure se soûmet avec sincerité, & qu'en vertu de cette obeïssance il condamne les cinq Propositions, comme il est contenu dans le Formulaire.* Mais que veut dire *se soûmettre avec sincerité ?* Cette soûmission, si elle est sincere, ne peut jamais être que le sentiment ou persuasion qui est

† *Pag.* 31.

exprimée dans le serment, savoir une croyance certaine de l'hereticité des deux textes, dont le court n'est que l'extrait ou abregé du long. Ainsi cet Ecrivain ne dit que la moitié de ce qu'il doit dire Il declare que celui qui jure *condamne les cinq Propositions*, *comme il est contenu dans le Formulaire*. Il auroit dû dire qu'il est *contenu dans le Formulaire*, que l'on condamne les Propositions au sens du livre, & par consequent que c'est le sens du livre qui est formellement condamné; il auroit dû declarer que c'est uniquement pour faire avoüer à tout le Parti, que les cinq heresies sont le sens propre & naturel du livre, que le Formulaire a été dressé, parce que c'étoit le livre seul dont on avoit craint la contagion contre la foi. Demandons à cét Ecrivain, comme à tout le reste du Parti, si quelqu'un soûtenoit les cinq Propositions condamnées par Innocent X. quand Alexandre VII. ordonna la signature du Formulaire; ils répondront tous, qu'aucun d'eux ne doutoit dés lors que les cinq Propositions ne fussent heretiques, & qu'ils les condamnoient hautement. Ce n'est donc pas pour la condamnation de ce texte déja tant condamné que l'Eglise s'attacha à faire ensuite jurer tous ses Ministres. Autrement il faudroit dire qu'elle faisoit jurer en vain. Il est notoire & évident que le Formulaire ne fut établi que pour faire jurer que le livre exprime les cinq heresies. Si on jure cette hereticité du livre sans la croire d'une croyance certaine, loin de *souscrire avec sincerité, on trompe l'Eglise par son serment*, comme dit le Pape.

V.

MAis écoutons encore cet Ecrivain. *Voulez-vous*, dit-il, † *un exemple qui rende palpable ce que je soûtiens. Supposez qu'un Evêque condamne une Proposition comme fausse & pernicieuse dans la pratique, & qu'il exige de ses Ordinans, ou de ceux qu'il admet pour les Confessions, qu'ils condamnent avec serment cette Proposition. Qu'est-ce, je vous prie, que celui qui doit recevoir les Ordres ou être admis aux Confessions, jure dans ces circonstances, lui qui ne connoit point d'ailleurs la fausseté de cette Proposition? Jure-t'il que la Proposition est fausse, & le fait-il ensorte qu'il soit parjure, si l'Evêque se trompe, & si la Proposition se trouve vraye? Eh qui pourroit le dire? Quoi donc? Il faut avoüer que son serment regarde la sincerité par laquelle il se soûmet à l'autorité de l'Evêque & condamne la Proposition, mais nullement la verité de la Proposition considerée en elle-même. Ainsi il sera parjure, s'il ne la condamne pas avec sincerité. Mais il ne le sera point, si par hazard l'Evêque se trompe. Reconnoissez donc que le serment ne doit point inquieter un Ecclesiastique, qui soûmettant son jugement à la décision des Papes, rejette & deteste les Propositions comme le Siege Apostolique le veut, avec le mauvais sens que ce Siege trouve dans Jansenius.*

Voilà un expedient commode pour faire signer tout le monde sans aucun scrupule. Voilà un

† *Pag*. 31. & 32.

Casuiste qui oste tous les pechez du monde pour la signature du Formulaire. Selon sa décision il n'y a qu'à condamner les cinq Propositions aveuglément & par une simple obeïssance à la Discipline presente. Il n'y a qu'à dire, Je condamne les cinq Propositions sur la parole incertaine de l'Eglise, a condition que si l'Eglise se trompe en me le faisant condamner mal à propos, le peché de mon serment retombera sur elle qui aura décidé, & non sur moi, qui ne fais que lui obeïr aveuglément. Je condamne donc par simple obeïssance les cinq Propositions avec le mauvais sens, quel qu'il puisse être, que l'Eglise prétend trouver dans le livre de Jansenius. S'il y en a un ou non, c'est de quoi je ne me mets nullement en peine. Je le dis par simple deference ou credulité sur sa parole. C'est à elle seule à en répondre à Dieu.

Remarquez encore, que dans cette supposition on ne jure que par simple deference à la parole de l'Eglise, c'est à dire, par simple presomption qu'elle ne se trompe pas, quoi qu'elle puisse se tromper, comme ceux qu'un Evêque admettroit aux Ordres ou à entendre les Confessions, jureroient par simple deference à la parole de leur Prélat. Mais quoi? cet Ecrivain oseroit-il dire que les Ordinans d'un Diocese pourroient en conscience jurer ainsi, sur la seule parole de leur Evêque, qu'une proposition, qui leur paroîtroit évidemment veritable & pure, est fausse & pernicieuse? Si un Evêque osoit de sa seule autorité

dresser

dresser ainsi un Formulaire, pour contraindre tout son Clergé à jurer sur sa seule décision, non seulement ce Clergé ne seroit pas obligé à lui obeïr, mais encore il seroit obligé à s'élever ouvertement contre ce Formulaire tyrannique, par lequel cet Evêque excederoit les bornes de son pouvoir. Tant il est vrai qu'il n'y a qu'une autorité supreme & incapable d'erreur qui puisse faire jurer la croyance certaine & irrevocable de sa décision.

VI.

ENfin cet Ecrivain décide pour les personnes du troisiéme état par rapport à la signature du Formulaire. *Ceux de ce troisiéme état*, † dit-il, *aprés avoir lû tout le livre de Jansenius, aprés avoir examiné à fonds les Ecrits faits pour & contre, jugent par un jugement certain, que les cinq Propositions ne sont dans le texte, ni en propres termes, ni selon le sens naturel*; en un mot ils croyent que *le livre* * *ne contient en aucune maniere les cinq Propositions.*

1. Cet Auteur se retranche à dire que *ceux-là sont en tres-petit nombre.* Mais qu'importe? quand ils n'y en auroit qu'un seul sur la terre, la difficulté seroit toûjours la même. Il faudroit examiner si le Formulaire ne seroit point injuste & tyrannique pour cet homme unique. Dés qu'il y auroit un seul homme dans ce cas, il ne seroit pas impossible que d'autres n'y eussent été; ou n'y fussent actuellement; sans être connus, ou ne pussent y être à l'ave-

† Pag. 14. * Pag. 12.

nir. Si la loi generale qui contraint tous les Ecclesiastiques au serment, sans en excepter un seul, est injuste & tyrannique pour un seul Ecclesiastique, qui peut tous les jours avoir des semblables, il faut avoüer que cette loi est injuste & tyrannique dans cette generalité absoluë & sans bornes. Il est vrai de dire que cet homme unique a raison de resister à cette loi, qui est injuste & tyrannique à son égard.

2. Bien plus, il est de la notorieté publique par les Ecrits même du Parti, que l'intention du saint Siege, en exigeant la signature du Formulaire: a été principalement de faire jurer les Chefs du Parti, qui *jugeoient d'un jugement certain, que le livre ne contenoit en aucune maniere les cinq Propositions.* Ainsi supposé que l'Eglise n'ait point, sur cette question de l'hereticité du livre, une autorité superieure à toute raison humaine, & à l'évidence prétenduë des Chefs du Parti, il est évident que l'Eglise a exigé de ces Chefs du Parti le serment par une autorité injuste & tyrannique. Le nombre d'hommes qui se trouvent dans ce cas peut être plus ou moins grand: qui est-ce qui pourroit le fixer? il n'importe en rien qu'on le fixe: c'est chercher une circonstance indifferente à la question, pour l'éluder. Mais enfin il est indubitable dans cette supposition, que le principal usage que l'Eglise a voulu tirer du Formulaire, pour faire jurer tous les Chefs du Parti, est un usage injuste & tyrannique, qui va à extorquer des parjures à des hommes prévenus d'une croyance

absoluë du contraire de ce qu'on veut leur faire jurer.

3. Suivant cet Ecrivain le nombre de ces hommes est tres-petit, † *si vous exceptez*, dit-il, *quelques temeraires, qui voulant sans mesure décider pour l'un des deux Partis, se precipitent sans examen & à l'aveugle, pour décider d'une matiere si importante. Leur temerité intolérable*, dit-il, *suffit pour les rendre coupables*. Il n'est point question ici de *precipitation, ni de temerité intolerable*. C'est donner le change. Dés qu'on est reduit à accuser *de temerité* & de *précipitation* ceux qui croyent que le texte de Jansenius est évidemment aussi pur que celui de saint Augustin, il n'est plus question que d'examiner en liberté Philosophique les preuves de cette temerité prétenduë. Il ne reste qu'à l'examiner librement le livre à la main. Mais enfin ceux qui refusent de jurer, disant qu'ils offrent de prouver avec évidence que les cinq Propositions ne sont point dans le livre, doivent être écoutez pour leur justification. Vous pourrez les accuser de temerité, mais ils pourront aussi refuter vostre accusation; que si leur défense paroit plus concluante que vostre accusation, ils demeureront justifiez & vous confondu. Au pis aller, ils ne seroient que temeraires. Encore même pourroient-ils vous dire; Nous supposons que nous manquons de discernement, en ne voyant pas dans le livre les cinq heresies, que vous prétendez y voir; mais nostre veuë est

† *Pag.* 31.

foible, & quelque effort d'attention que nous puissions faire, nous ne saurions venir à bout de découvrir ce que vous découvrez. Or un homme qui a la vûë plus fine & plus longue qu'un autre, découvre de loin des objets, que cet autre ne peut appercevoir. Celui qui les voit, n'accuse l'autre qui ne les voit pas, ni de mauvaise foi, ni d'obstination, ni de temerité. Il lui dit seulement, Je vois ce que vous ne voyez point. Mais il n'a garde de vouloir le contraindre à jurer sur sa parole seule, qu'il croit ce qu'il ne voit point.

4. Envain cet Ecrivain revient toûjours à assûrer que ceux qui ont *approfondi* * *soigneusement cette controverse*, sont en tres-petit nombre, qu'il faut beaucoup de *genie & une grande érudition* pour cette recherche, qu'il faut lire, *outre le livre entier de Jansenius, tous ceux qui ont été écrits contre celui-là*. Eh bien, supposons tout ce qu'il demande. Il ajoûte, qu'il faut avoir lû tout le livre de Jansenius pour s'assûrer qu'il ne lui a jamais échappé *des manieres de parler moins exactes*, qui expriment *le sens naturel des Propositions : Præter mentem, ob minùs accuratos loquendi modos*. Non, l'Eglise ne se contente point que l'on condamne le livre de Jansenius *à cause de quelques manieres de parler un peu negligées*. Cet Ecrivain paroît ici se contenter qu'on suppose qu'il a pû échapper à Jansenius *quelques expressions peu precautionnées*, & qui sont contraires à l'esprit de son systeme. Mais l'Eglise va bien plus loin, elle veut qu'on croye & qu'on jure

* *Pag.* 33.

que les cinq heresies sont le sens propre & naturel, qui se presente aux yeux du Lecteur dans le systeme du livre. Ainsi vous voyez que cet Ecrivain ne cherche que des expediens pour faciliter la signature, ou pour mieux dire, pour pallier un parjure à tout le Parti, & par consequent qu'il ne tend qu'à énerver le Formulaire, pour en rendre l'usage ridicule & odieux.

5. Il remarque avec raison † qu'*il ne suffit pas qu'on trouve de tems en tems dans le livre des Propositions, qui paroissent contraires au sens naturel des cinq Propositions. Car Jansenius*, dit-il, *a pû tantost parler correctement, & tantost exprimer le sens des V. Propositions*. Vous voyez qu'il se contente de la signature de tous ceux qui signeront, en supposant sur la parole fautive des Superieurs, que Jansenius, qui a souvent rejetté en termes formels les V. heresies, a pû s'expliquer ailleurs moins correctement, ou ne répeter pas sans cesse en chaque endroit tous les correctifs. C'est encore éluder manifestement la croyance précise de l'hereticité du livre dans son sens propre & naturel.

6. Il se contente qu'on signe, pourvû qu'on suppose que * *Jansenius, en poussant trop loin la doctrine de saint Augustin, a pû s'exprimer en sorte que le saint Siege ait eû un fondement de lui attribuer le sens des V. Propositions*. Ainsi chaque homme du Parti en sera quitte avec cet Ecrivain, pourvû qu'en jurant, il suppose que Jansenius a pû exaggerer par quelques termes *la*

† *Pag.* 34. * *Ibid.*

doctrine de ſaint Auguſtin, & que l'Egliſe n'a pas été temeraire & dépourvuë de toute probabilité, pour lui imputer par cette raiſon les cinq hereſies. Cet Ecrivain va même juſqu'à vouloir que Janſenius ne ſoit point reſponſable des dogmes exceſſifs qu'il attribue à ſaint Auguſtin. * *Car il enſeignoit*, dit-il, *en toute occaſion, non ce qu'il croyoit être veritable, ou qu'il falloit embraſſer, mais ce que ſaint Auguſtin avoit enſeigné.* Evaſion frivole & ſcandaleuſe. Comme ſi Janſenius avoit attribué ces dogmes heretiques à ce Pere d'une maniere purement hiſtorique, ſans y prendre part; & comme s'il ne prétendoit pas avoir démontré, qu'un dogme eſt celui de toute l'Egliſe, quand il prétendoit prouver que ſaint Auguſtin l'a enſeigné comme tel.

7. *Il eſt même* † *conſtant*, ajoûte-t'il, *que ni le ſaint Siege, ni les Evêques ne nient point qu'on peut donner un bon ſens au livre condamné. Mais le ſaint Siege Apoſtolique ordonne que l'on condamne le mauvais ſens qu'il trouve dans le livre, lequel ſens convient avec les cinq Propoſitions conſiderées en elles-mêmes.* Peut-on extenuer avec plus d'artifice le ſerment du Formulaire? peut-on mettre mieux le Parti au large pour jurer ſans aucun ſcrupule? Suivant cet Ecrivain le livre de Janſenius peut avoir deux ſens, l'un bon, & l'autre mauvais. L'Egliſe entiere avouë qu'on peut lui donner *le bon ſens*: mais le Siege Apoſtolique veut que l'on con-

* *Pag.* 34. † *Pag.* 35.

damne avec lui *le mauvais sens qu'il y trouve.* Entre ces deux probabilitez opposées, on doit avoir de la complaisance pour le Siege Apostolique, presumer qu'il a raison, & supposer ce *mauvais sens* par pure deference.

8. Mais enfin aprés tant de detours affectez, qui ne tendent qu'à rendre la signature vaine & illusoire, venons au fait. Les Chefs du Parti qui ont tout lû, tout approfondi, & qui croyent voir avec une entiere certitude, que le texte de Jansenius est aussi pur, & encore plus precautionné contre l'erreur que celui de saint Augustin, doivent-ils jurer qu'il croyent que ce texte enseigne clairement cinq heresies? que répondra cet Ecrivain? *A peine*, dit-il, † *un tel homme évitera un reproche de temerité, lui qui ne craint point que quelque fausse lueur ait pû ébloüir son esprit, sur tout les plus zelez defenseurs de Jansenius, qui ont le plus examiné son livre, avoüant qu'il contient des expressions tres-dures, ensorte qu'ils ne sont point étonnez qu'il ait paru enseigner les V. Propositions dans le sens qui frappe d'abord.* Il ne s'agit ni *d'expressions tres-dures*, qui ayent d'ailleurs de vrais correctifs, ni *du sens qui frappe d'abord* le Lecteur avant que d'avoir approfondi. Il s'agit du sens propre, naturel, & veritable du texte bien examiné, & du systeme qui en resulte. Il ne s'agit point *du reproche de temerité*, qu'on peut faire à ceux qui sont persuadez que ce livre est trespur. Il s'agit de savoir si l'Eglise est en droit

† Pag. 17.

de les retrancher du corps de JESUS-CHRIST, en cas qu'ils refusent de croire certainement que le systeme naturel du livre est composé de cinq heresies. 1. Peut-on le croire certainement contre sa propre conviction sur la seule parole de l'Eglise, qu'on croit fautive en ce poinct ? 2. Peut-on le jurer, sans le croire avec certitude ? 3. L'Eglise se contentera-t-elle de dire, qu'à peine on peut être excusé *de temerité*, quand on lui refuse la signature, ou bien excommuniera-t-elle ceux qui refusent de signer ? Qui dit *à peine*, reconnoit même qu'on peut rejetter le Formulaire sans meriter le *reproche de temerité*, quoi qu'il soit tres-difficile qu'on puisse faire cette resistance sans meriter ce reproche.

9. Au lieu de lever la difficulté par des principes clairs & décisifs, cet Ecrivain a recours à une comparaison. *M. Arnauld*, dit-il, * ce grand Docteur, ce sublime genie, *avoit d'abord loüé, sur une premiere lecture faite avec plaisir, le livre du P. Malebranche intitulé La recherche de la verité, mais dans la suite il changea de sentiment & fit plusieurs Ecrits pour en refuter les erreurs.* Que prétend-il conclure de cet exemple ? Quoi ! parce que M. Arnauld avoit goûté dans une premiere lecture un livre, & l'avoit ensuite desapprouvé, faudra-t-il conclure que personne ne peut jamais former un jugement arresté sur un livre, quand il l'a examiné à fonds avec toute l'attention dont il est

* *Ibid.*

capable, & qu'il lui paroit évident qu'il en a enfin compris exactement tout le systeme ? Cet exemple de M. Arnauld qui a changé une fois en sa vie de sentiment sur un livre, qu'il crut n'avoir lû d'abord que superficiellement, fera-t-il une loi à tous les Lecteurs du monde pour se jetter dans une espece de pyronisme sur tous les textes ? L'exemple de M. Arnauld empesche-t-il que l'évidence ne soit évidence, que la raison ne soit raison, que l'entendement humain ne soit necessairement convaincu par ce qui lui paroit évident, quand on ne peut point y opposer une autorité qui soit superieure à la raison humaine ? Tout ce que cet Ecrivain peut demander à ceux qui croyent avoir verifié avec évidence, que le texte de Jansenius est tres-pur, est qu'ils fassent comme M. Arnauld, c'est à dire, qu'ils se defient de leur premier examen, & qu'ils recommencent à examiner. Mais enfin s'ils persistent à trouver toûjours avec la même évidence que le livre de Jansenius est tres-pur, il faut ou les dispenser de signer le Formulaire contre ce livre, ou les reduire à croire qu'il est heretique par une autorité qui soit superieure à leur raison, & incapable de les tromper.

V I I.

CEt Ecrivain s'étonne de ce que *certains* † *Theologiens qui ont d'ailleurs beaucoup de vertu & d'humilité, osent decider comme s'ils prononçoient des oracles, qu'on ne peut point sig-*

† Pag 38.

ner le Formulaire, sans faire un parjure, qui condamnent ceux qui signent, comme des hommes lâches & dominez par leur propre interest. Ces Theologiens sont tous les Chefs du Parti qui ont écrit depuis 40. ans. On ne trouvera aucun Ecrit autorisé dans le Parti, qui ne soûtienne, & qui ne prouve clairement qu'on ne peut point en conscience signer contre sa propre conviction, ni même malgré un simple doute, à moins qu'on ne croye l'Eglise infaillible en ce poinct.

Mais comment est-ce que cet Ecrivain veut refuter tous ceux qui ont été si long-tems l'admiration de tout le Parti? * *Ils savent bien,* dit-il, *faire valoir le secours promis à l'Eglise par* Jesus-Christ, *lorsque par exemple, ils defendent l'Eglise contre les heretiques, ou quand ils veulent soûtenir l'autorité de certains Conciles, dans lesquels un assez grand nombre d'Evéques paroissent avoir été poussé par les Rois ou Princes seculiers : mais quand il s'agit de signer le Formulaire dressé par le saint Siege, que tant d'Evêques font signer par tout leur Clergé, en sorte que tous, ou du moins presque tous les Evêques paroissent l'approuver, alors oubliant le secours que Dieu a promis, ils degradent l'autorité de l'Eglise, & ils preferent leur propre jugement à toutes les veritez qu'on leur allegue.* Ensuite il va jusqu'à dire, que *suivant* † *la décision du grand saint Gregoire, il ne faut pas moins obeïr à l'Eglise sur les questions de fait que sur les autres*, c'est à dire,

* *Ibid.* † *Pag.* 39.

que sur celles de droit. Il ne veut pas même nommer absolument ces questions, des questions de fait. Il fait entendre que ce langage n'est pas celui de l'antiquité, & que c'est seulement celui des personnes qu'il veut refuter. *Il s'agissoit* * (dit-il, pour la dispute sur les trois Chapitres) *d'une question de fait, comme ils parlent maintenant.* Enfin vous voyez que la derniere ressource de cette Ecrivain est de recourir toûjours *au secours promis à l'Eglise.* Il ne permet point de *l'oublier* sous pretexte que les promesses ne s'étendent pas aux questions de fait, comme aux questions de droit. D'où vient donc qu'il a soûtenu qu'il est faux qu'on ne doive point soûmettre son entendement pour le fait, *à moins qu'on n'y soit assujetti par une autorité infaillible* ? D'où vient qu'il reduit la soûmission de ceux qui signent, à une deference semblable à celle qu'un Fidelle rend à un Concile particulier qui est certainement faillible ? ou à celle d'un Ecclesiastique pour son Evêque, qui lui feroit jurer la condamnation d'une proposition, parce qu'elle lui paroîtroit *pernicieuse dans la pratique* ? ou enfin à celle d'un militaire, qui croit sur la declaration de son Prince, que la guerre, où il va servir, est tres-juste ? Si les promesses s'étendent sur les condamnations des textes contagieux, pourquoi cet Ecrivain degrade-t-il les jugemens infaillibles de l'Eglise, qui sont fondez sur les promesses, en les com-

* Pag. 41.

parant avec tant d'indecence aux jugemens des hommes faillibles, & souvent injustes? Si au contraire il croit que les promesses ne s'étendent point sur les condamnations des textes, pourquoi veut-il imposer à tous les Fidelles, & alleguer l'autorité des promesses pour un cas, où il croit que les promesses n'ont aucun lieu? Est-il question de faciliter la signature, d'élargir les consciences sur un parjure, & de persuader à tout le Parti qu'il peut signer sans scrupule pour se dérober à la recherche de l'Eglise? Il ne parle que des promesses: il represente † *la puissance & l'autorité que Dieu a donné à l'Eglise, le secours divin qui luy est promis jusqu'à la consommation du siecle*: il s'écrit que cette *autorité est appellée par le Saint Esprit la colomne & l'appuy de la verité, & qu'il faut lui obeïr pour n'être pas comme les Payens & les Publicains*: il assure que l'Eglise est *proposée dans les saintes Ecritures, comme le Juge de toutes les controverses, & que les portes de l'enfer ne peuvent prévaloir contre elle*. Voilà ce qu'il dit au commencement de sa Lettre: à la fin il revient encore à dire, que ceux qu'il refute † *sçavent bien faire valoir contre les heretiques le secours promis par* Jesus-Christ *à son Eglise .... mais que quand il s'agit de signer le Formulaire, ils oublient le secours promis par* Jesus-Christ, *& dégradent l'autorité de l'Eglise.*

Quel jeu? si cet Ecrivain suppose que les promesses ne rendent point l'Eglise infaillible

† *Pag.* 25. & 26. † *Pag.* 37.

dans sa décision contre le livre de Jansenius ; & s'il croit que l'Eglise peut se tromper en ce poinct, comme les Conciles particuliers des Rebaptisans ou des Ariens, ou comme un Evêque qui oseroit de son chef faire jurer par son Clergé la condamnation d'une proposition qui lui sembleroit *pernicieuse*, ou comme un Prince qui prétend que la guerre qu'il entreprend est juste.. Ainsi cet Ecrivain ne pose aucun fondement solide. Il n'établit aucun principe clair & précis. Il ne va jamais que tastonnant & par comparaison. Il ne cherche que des insinuations flatteuses au lieu de preuves nettes & concluantes. Il voudroit tout conclure pour la pratique, sans rien décider pour la veritable question. Il voudroit flatter les deux costez, en facilitant la signature, & en laissant dans le doute le seul principe, sur lequel il est reduit lui-même à la fonder. Est-il question d'autoriser le relâchement le plus monstreux sur un parjure dans une profession de foi ? il ne craint pas dans un si pressant besoin de prodiguer tous les termes qui expriment l'infaillibilité, & qui la fondent sur les promesses. Mais s'agit-il un moment aprés de n'effaroucher pas les esprits du Parti, qui sont obstinez contre cette infaillibilité, parce qu'elle ne leur laisse aucune ressource pour le systeme tant cheri de Jansenius ? il revient sur ses pas sans s'embarasser. Il consent qu'on ne croye l'Eglise contre le livre de Jensenius, que comme on croiroit un Concile particulier de Rebaptisans, ou d'Ariens, que comme on croiroit son Evêque decidant tout seul sur une proposition de morale relâchée, que comme on croiroit un Prince ambitieux qui soûtiendroit qu'il fait une guerre juste.

Que faut-il faire d'un tel Ecrit? il faut y prendre tout ce qu'il ne donne à l'Eglise, qu'à cause qu'il n'auroit pû le lui refuser, sans rendre le Formulaire inique & tyrannique, & sans supposer que tous ceux qui signent, ou contre leur conviction, ou dans le doute, ont fait de vrais parjures. Ainsi quand il à recours aux promesses pour obliger les Ecclesiastiques à signer, il faut conclure que le *secours promis à l'Eglise par* Jesus-Christ, est le vrai fondement de la signature. Il faut conclure que ceux qui refusent de preferer la décision de l'Eglise contre le livre de Jansenius à leurs évidẽces prétenduës, *oublient les promesses*, qui nous répondent que l'Eglise ne se trompera jamais sur de telles questions. Ainsi il est juste de croire cet Ecrivain, quand il reconnoit que saint Gregoire vouloit qu'on ne fût pas moins docile *pour* † *les questions de fait que pour les autres .... & que si on eût proposé à ce saint & savant Pontife la question de fait, il eût severement repris ceux qui auroient refusé de signer le Formulaire.* Il faut croire cet Ecrivain quand il ajoûte que S. Gregoire *s'est glorifié d'avoir signé avec beaucoup d'illustres personnes un Formulaire, auquel étoit joint un serment pour condamner les trois Chapitres.* Enfin nous le croy-

† *Pag.* 44.

ons quand il assure, * *qu'il y avoit sans doute parmi ceux qui revinrent du schisme sur les trois chapitres beaucoup de personnes, qui croyoient comme une chose indubitable, que les livres des trois Auteurs comdamnez au V. Concile, & principalement ceux de Theodoret & d'Ibas, étoient exempts de toute heresie, mais que la sainteté & la science d'un si grand Pontife (saint Gregoire) leur persuada qu'il falloit preferer la décision de l'Eglise à leur propre jugement.*

Il faut prendre cet Auteur au mot dans tous ces aveus formels & décisifs. Si tous ces aveus sont sinceres, ils ne nous laissent rien à desirer; cet Ecrivain n'a seulement qu'à corriger certaines expressions de sa lettre, où il paroit avoir voulu énerver le serment du Formulaire, pour le faciliter à ses amis. Il ne pourroit par ces évasions que se contredire lui-même, s'il est vrai qu'il soit persuadé que les promesses nous répondent que l'Eglise ne se trompera jamais sur un texte tel que celui de Jansenius. Que si les aveus de cet Ecrivain ne sont pas sinceres, & s'il a été reduit, pour justifier la signature, à alleguer les promesses faites à l'Eglise, quoi qu'il ne croye pas qu'elles s'étendent sur les condamnations des textes dogmatiques, voici l'avantage que nous en tirons. Il est donc vrai que le Parti ne peut plus se sauver qu'à force de déguisemens. L'autorité infaillible qu'il conteste à l'Eglise, est tellement necessaire pour justifier la signature,

* *Pag.* 46.

qu'il eſt reduit lui-même a y recourir juſques dans les Ecrits où il tache de l'éluder : il ne peut s'en paſſer, lors même qu'il ne peut ſe reſoudre à l'admettre. Qu'y a-t-il de plus déciſif pour le principe de la bonne cauſe, & de plus conſolant pour ceux qui la ſoûtiennent, que de voir, que ceux qui la combattent, n'oſent plus la combattre qu'indirectement, & en faiſant ſemblant de la ſoûtenir ? Qu'on ne diſe donc plus que nous allons trop loin. Ou cet Ecrivain ſe jouë de toute l'Egliſe, ou il va tout auſſi loin que nous. Supposé même qu'il ſe jouë de toute l'Egliſe, ce jeu ſi indigne ſe tourne en la plus ſerieuſe de toutes les preuves en noſtre faveur. Car il n'oſe juſtifier la ſignature qu'en paroiſſant recourir à noſtre principe fondamental, ſur lequel ſeul elle eſt établie.

Au reſte je ne puis finir ſans faire une remarque bien triſte. Autrefois le Parti avoit au moins quelques vains pretextes de prétendre que l'Egliſe ne demandoit pas une croyance certaine du fait, & qu'on pouvoit ſigner en ſe retranchant dans le ſilence reſpectueux. Tous les Chefs du Parti concluoient néanmoins dans leurs Ecrits, qu'une telle ſignature étoit inexcuſable, & tout le Parti, aprés M. Arnauld, donnoit à ceux qui avoient la lâcheté de ſigner ainſi, le nom d'*honneſtes gens*, c'eſt à dire, d'hommes foibles, politiques & mondains, qui abandonnoient la verité pour ſe mettre en repos. Aujourd'hui l'Egliſe a épuisé tous les vains

pretextes

pretextes du Parti, elle les a tous anéantis par ses explications précises sur le serment du Formulaire. Mais plus l'Eglise presse le Parti, & reduit le serment à une croyance absoluë, plus le Parti le rend facile à jurer. Les évasions ou restrictions mentales du Parti croissent à l'infini, à mesure que l'Eglise augmente ses efforts, pour les rejetter. Ce Formulaire, que leurs anciens Ecrivains avoient horreur de signer, quoi qu'il ne fût point encore si évidemment fixé aux sens qu'ils craignoient, est aujourd'huy fixé à ce sens par les explications les plus formelles & les plus evidentes. N'importe, le Parti qui se piquoit autrefois d'être si ferme & si delicat, devient souple & accommodant, à mesure que le besoin d'être souple augmente. Leurs Ecrivains trouvent chaque jour des expediens nouveaux pour appaiser toutes les consciences, & nul Casuiste relâché n'égala jamais leurs tours industrieux pour rendre tout permis en ce genre. Plus l'Eglise est précautionnée & inexorable pour exiger une rigoureuse sincerité, plus le Parti dispense ceux qui jurent, d'être sinceres. Les nouveaux Brefs, & la nouvelle Constitution même ne servent qu'à faire multiplier les faux-fuyants. Les parjures qui faisoient fremir il y a 40 ans M. Arnauld, M. Nicole, & les autres Chefs, font en nos jours la seule ressource du Parti pour sauver le Parti même, & pour soûtenir que le Jansenisme n'est qu'un fantosme.

Je suis, M,

www.ingramcontent.com/pod-product-compliance
Ingram Content Group UK Ltd.
Pitfield, Milton Keynes, MK11 3LW, UK
UKHW020443180726
13839UKWH00004B/1600

9 782329 415369